HISTOIRE DE L'ÉGYPTE

SOUS LE GOUVERNEMENT

DE MOHAMMED-ALY,

OU

RÉCIT DES ÉVÉNEMENTS

POLITIQUES ET MILITAIRES

QUI ONT EU LIEU DEPUIS LE DÉPART DES FRANÇAIS JUSQU'EN 1823,

PAR M. FÉLIX MENGIN;

OUVRAGE ENRICHI DE NOTES PAR MM. LANGLÈS ET JOMARD,

ET PRÉCÉDÉ

D'UNE INTRODUCTION HISTORIQUE, PAR M. AGOUB.

A PARIS,

CHEZ ARTHUS BERTRAND, LIBRAIRE-ÉDITEUR,

RUE HAUTEFEUILLE, N° 23.

1823.

CET ATLAS SE COMPOSE DES PLANCHES SUIVANTES.

1. Portrait de Mohammed-Aly, vice-roi d'Égypte, d'après un dessin de M. le comte de Forbin.

2. Mourâd-Bey, chef des Mamlouks.

3. Abdallah-ebn-Souhoud, chef des Wahabys.

4. Puits à roue du pays de Nedjd.

5. Vue du palais et du sérail de Mohammed-Aly, à Alexandrie.

6. Le roi de Sennâr donnant audience à ses ministres.

7. Une fille de Sennâr triturant du maïs.

8. Femme arabe de la tribu des Ababdeh.

9. Vue du palais de Mohammed-Aly, sur la place de l'Ezbekyeh, au Kaire, prise à l'époque de l'inondation.

10. Plan du nouveau canal d'Alexandrie, dit *Mahmoudyeh*, dressé par M. Coste, architecte de Mohammed-Aly.

11. La Sainte Famille se reposant sous un sycomore à Matharyeh.

12. Carte géographique du pays de Nedjd (gravée).

13. Tableau du commerce de l'Égypte avec l'Europe, sur une feuille in-folio, de six et sept colonnes.

IMPRIMERIE DE RIGNOUX.

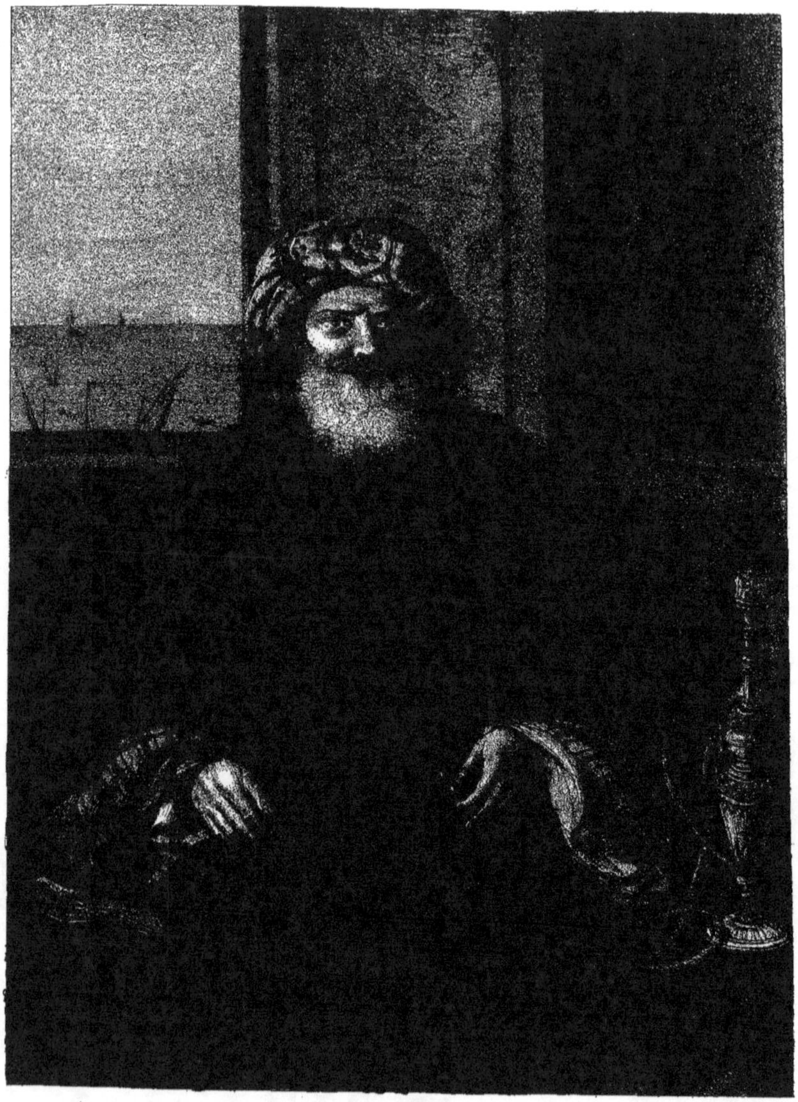

lithog. de C. Motte.

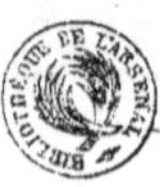

Mohammed-Aly, vice roi d'Egypte,
lithographié d'après un dessin de Mr. le Comte de Forbin,
fait à Alexandrie en Mars 1818.

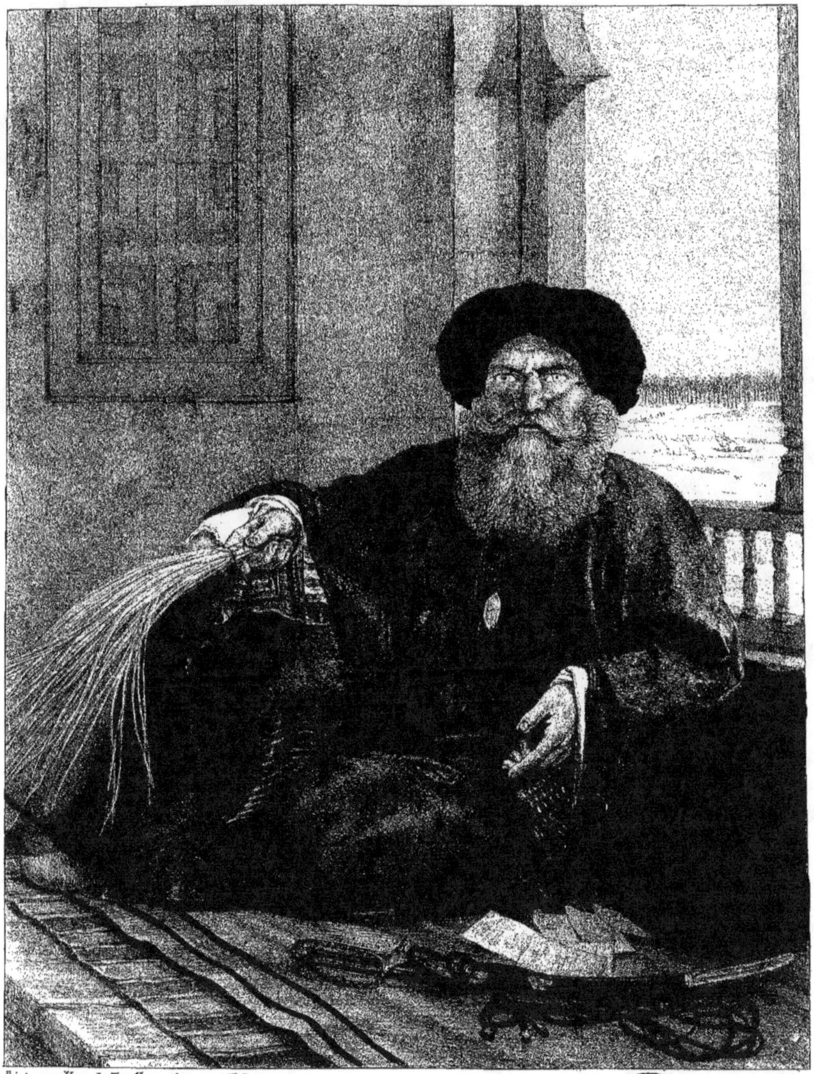

Peint, au village de Torráh, en 1800, par M. Dutertre.　　　　Lithog. de C. Motte.

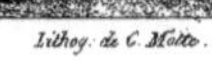

Mourâd-Bey, Chef des Mamlouks.

P. Cozi del.

Lithog: de C. Motte.

Abdallah-ebn-Souhoud, Chef des Wahabys;

décapité à Constantinople en 1819.

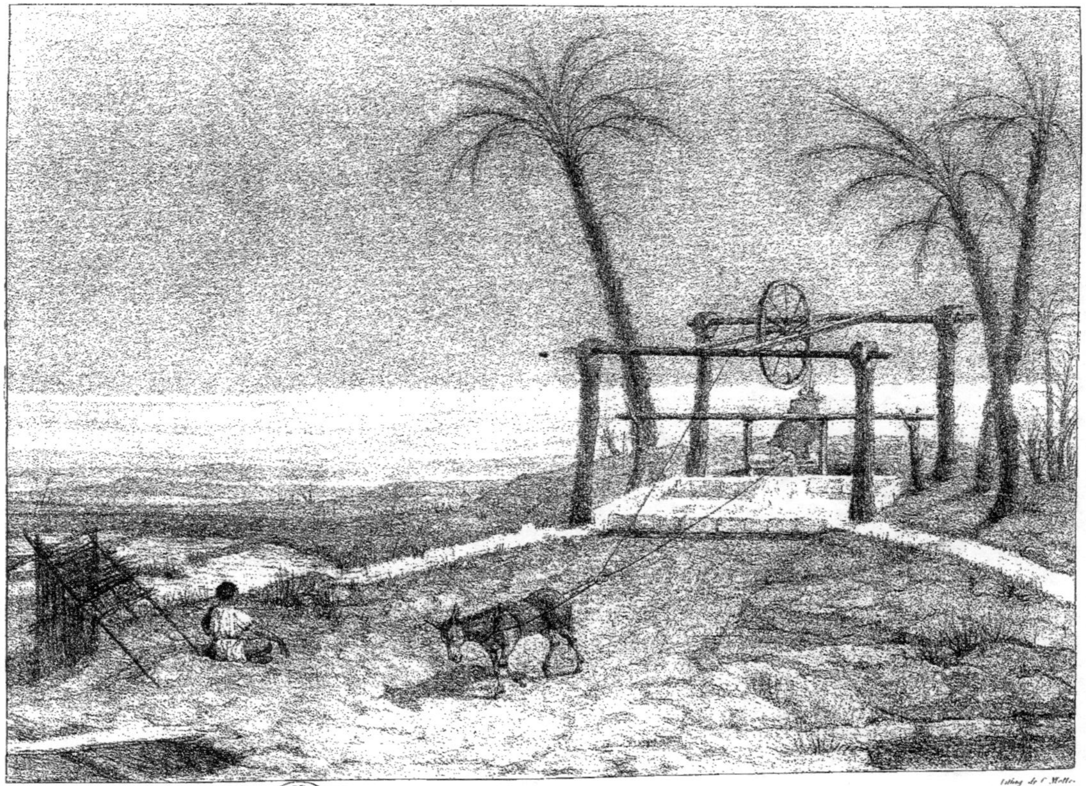

Lithog. de C. Motte.

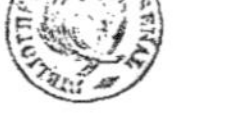

Puits à roue du pays de Nedjd.

J. B. Arnout del.

Vue du Palais et du Sérail de Muhammad Aly Pacha, à Alexandrie.

Prise du moulin à vent sur la presqu'île des figuiers.

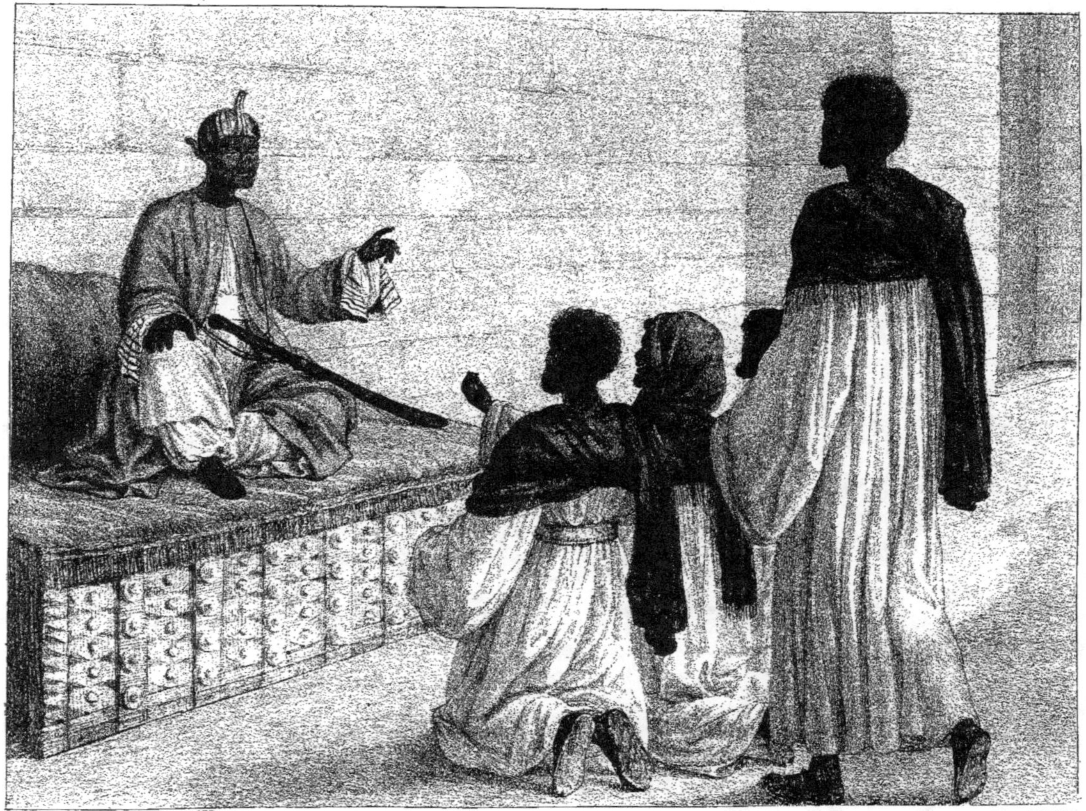

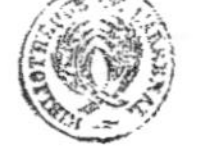

Dutertre del.ᵗ

lithog. de C. Motte

Le Roi de Sennâr donnant audience à ses ministres.

Dutertre de.

Lithog. de C. Motte

Une fille de Sennâr triturant du Maïs.

Femme arabe de la tribu des Ababdeh.

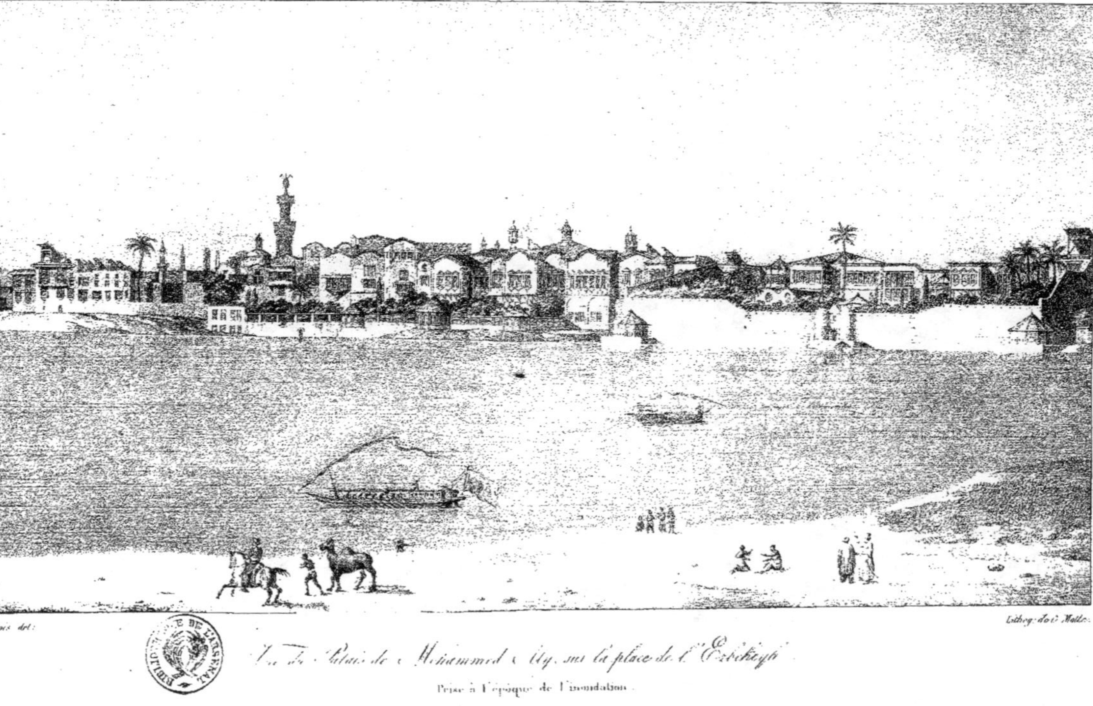

Vue du Palais de Mohammed Aly, sur la place de l'Ezbékieh

Prise à l'époque de l'inondation.

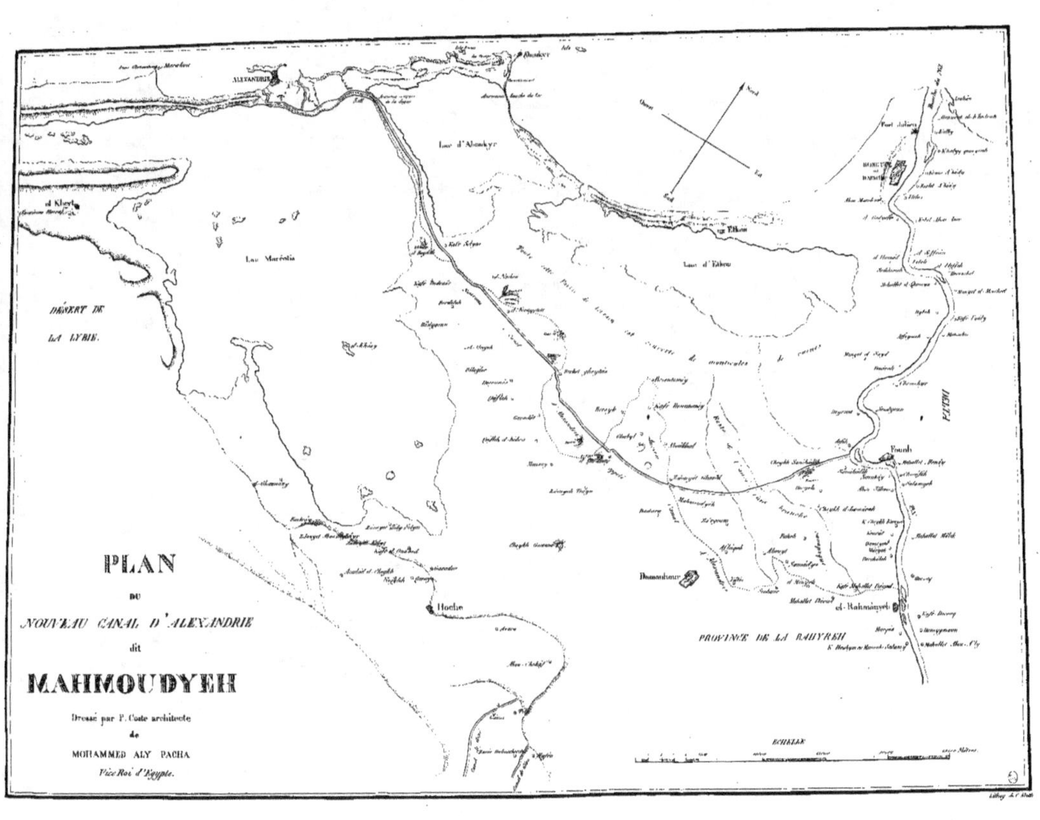
PLAN
DU
NOUVEAU CANAL D'ALEXANDRIE
dit
MAHMOUDYEH
Dressé par P. Coste architecte
de
MOHAMMED ALY PACHA
Vice Roi d'Egypte.
DESERT DE LA LYBIE.
ALEXANDRIE
Lac d'Aboukyr
Lac Maréotis
Lac d'Etkou
el Khéyr
DELTA
PROVINCE DE LA BAHYREH
Damanhour
Fouah
el Rahmanyeh
Roche
ECHELLE
Nord
Est
Sud

Sycomore à un quart de lieue de l'Eguille d'Héliopolis et à une heure du Kaire.
On prétend que c'est sous cet arbre que la Sainte Famille se reposa en fuyant de Gaza.
(Tout le tronc de cet Arbre est parsemé de Croix incrustées, faites par un sentiment de piété et de vénération)

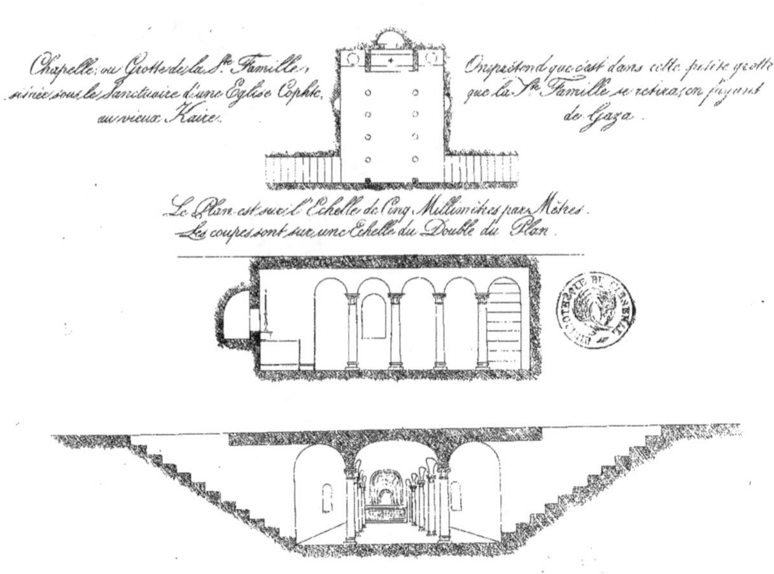

Chapelle, ou Grotte de la Ste Famille,
sinée sous le Sanctuaire d'une Eglise Cophte,
au vieux Kaire.

On prétend que c'est dans cette petite grotte
que la Ste Famille se retira, en fuyant
de Gaza.

Le Plan est sur l'Echelle de Cinq Millimètres par Mètres.
Les coupes sont sur une Echelle du Double du Plan.

Richelois del.
Lithog. de C. Motte.

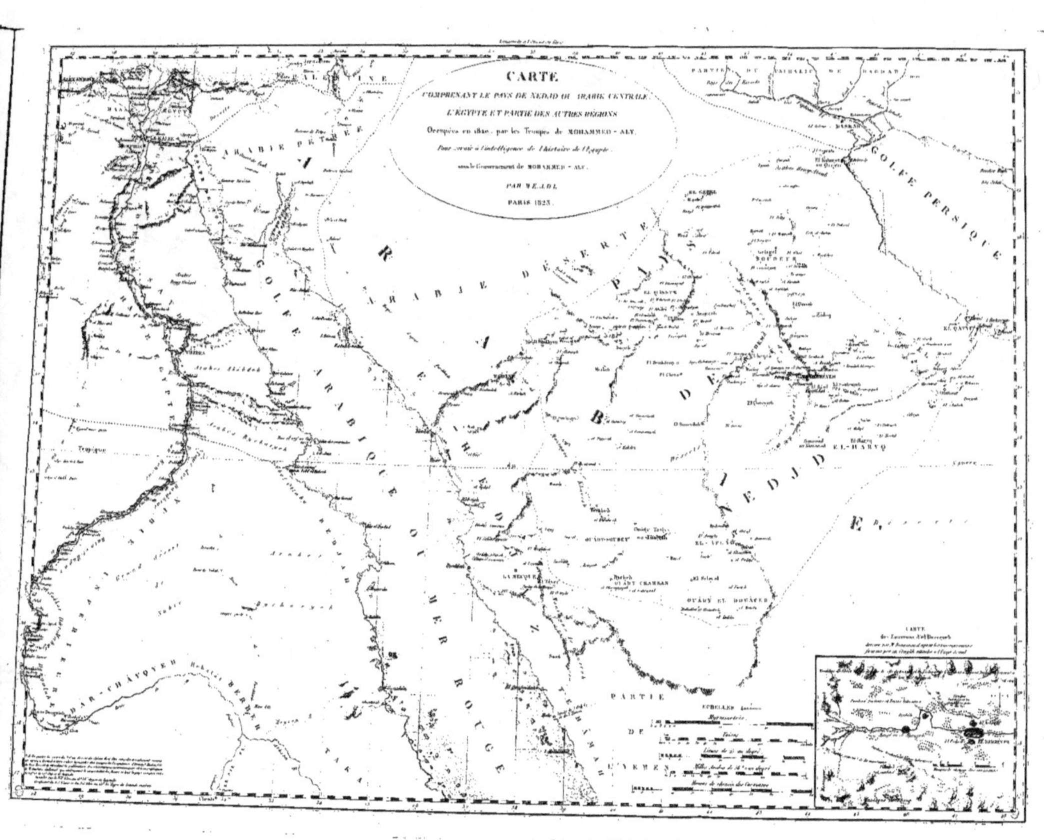

CARTE
COMPRENANT LE PAYS DE NEDJD OU ARABIE CENTRALE
L'ÉGYPTE ET PARTIE DES AUTRES RÉGIONS
Occupées en 1840, par les Troupes de MOHAMMED - ALY,
Pour servir à l'intelligence de l'histoire de l'Égypte
sous le Gouvernement de MOHAMMED - ALY.
PAR W.E.ADL
PARIS 1823.

TABLEAU

DU

COMMERCE DE L'ÉGYPTE AVEC L'EUROPE.

IMPORTATION.

DÉNOMINATION.	POIDS ET MESURES, ou QUANTITÉS.	PRIX COURANS.	CONSOMMATION LOCALE.	ÉTRANGÈRE.	TOTAL.	OBSERVATIONS.
Alquifoux.	quint. 150 rotles	65 à 70 pièces	200 barils	300 barils	500 barils	
Acier fin, menu	quint. 105 idem	40 à 45 idem	30 idem	» »	30 idem	
—— id., gros	idem	38 à 42 idem	150 idem	200 idem	350 idem	
Argent-vif	quint. 102 idem	450 à 600 piastr.	50 idem	50 idem	100 idem	
Arsenic blanc	quint. 125 idem	100 à 110 pièces	200 quintaux	200 quintaux	400 quintaux	
—— jaune	idem	idem	idem	» »	200 idem	
Alun de roc	quint. 150 idem	40 à 45 pataq.	idem	» »	200 idem	
Ambre transparente, n° 1 à 3	l'okke 420 drah.	80 à 85 idem	8 caisses	» »	8 caisses	
—— . . . 1 à 6	idem	65 à 70 idem	5 idem	» »	5 idem	
—— blanche . 1 à 3	rotle 105 drahm.	42 à 45 mahb.	» »	10 caisses	10 idem	
—— idem. . . 1 à 6	idem	20 à 22 idem	» »	10 idem	10 idem	
Ameçons, n° 1 à 9	le millier	9 » piastr.				
—— 10 à 30	idem	30 à 32 idem				
Aiguilles à coudre, n° 0, 1, 2	idem	6 » idem	20 caisses	3 idem	23 idem	Marque porc.
—— idem . . . 1 à 6	idem	5 » idem	15 idem	5 idem	20 idem	
—— idem . . . 0, 1, 2	idem	3 à 4 idem	20 idem	5 idem	25 idem	
—— idem . . . 1 à 6	idem	2 » idem	10 idem	5 idem	15 idem	Autres fabriques.
—— pour voiles, 7, 10, 11	idem	10 » idem	10 idem	10 idem	20 idem	
Armes à feu montées, comme :						
Fusils ordinaires et fins	l'un	30 à 1500 piast.	2000	» »	2000	
Pistolets idem . . idem	la paire	35 à 1200 idem	2000 paires	» »	2000	
Platines idem . . idem	l'une	10 à 40 idem	1400	600	2000	
Amandes sans écorces	l'okke 400 drah.	3 à 4 idem	10,000 okkes	» »	10,000 okkes	
—— avec l'écorce	idem	1 » idem	60,000 idem	» »	60,000 idem	
Bonnets rouges de France, Gênes, Toscane et Allemagne.	la douzaine	40 à 80 idem	50 caisses	» »	50 caisses	
Bois de teinture, Campêche	quint. 120 rotles	15 à 16 pataq.	30 quintaux	» »	30 quintaux	
—— idem . . . Fernambuc	idem	90 à 92 idem	100 idem	» »	100 idem	
Bois de construction, savoir :						
Planches de Venise, n° 1 à 5.	l'une	4½ à 5 piastr.	15,000 planches	» »	15,000 planches	
Idem, de la Tisana . . 1 à 5.	idem	3½ à 4 idem	60,000 idem	» »	60,000 idem	
Idem, de Fiume . . 1 à 5.	idem	2½ à 3 idem	20,000 idem	» »	20,000 idem	
Morali de la Tisana.	idem	3½ à 4 idem	20,000 idem	» »	20,000 idem	
Idem de Fiume	idem	2 à 3 idem	10,000 idem	» »	10,000 idem	
Mâts et autres.						
Blanc de Venise.	l'okke	25 à 30 idem	» »	» »	» »	
Châtaignes	l'okke 400 drah.	40 » paras	30,000 okkes	» »	30,000 okkes	
Confitures sèches.	idem	9 à 11 piastr.	2,000 idem	» »	2,000 idem	
—— idem diverses	la boîte	4 » idem	1,000 boîtes	» »	1,000 boîtes	
Coraux en grosseurs nets.	l'okke 420 drah.	20 à 90 idem	100 okkes	150 okkes	250 okkes	Suivant la grosseur et la couleur.
—— en cannettons assortis	idem	30 à 80 idem	» »	100 idem	100 idem	Comme ci-dessus.
Cire en bandelettes, ou bougies	l'okke 400 drah.	25 » idem	15 caisses	» »	15 caisses	Elles viennent la plupart de Venise.
Cochenille noire, dite *morellona*	idem	200 à 210 idem	5,000 okkes	500 idem	5,500 okkes	
Couteaux de Styrie, n° 8, 12, 16, 24	le paquet	8 » idem	1 barrique	5 barriques	6 barriques	
—— de Hollande	la douzaine	9 à 10 idem	500 douzaines	500 douzaines	1,000 douzaines	
Conterie de Hollande ¾ blanc et ¼ bleu	le paquet 1000 grains 240 drahmes environ	6 » idem	» »	20 barriques	20 barriques	
—— de Venise à Ferrazza blanche, rouge, et bleue	quint. 102 rotles	45 à 50 pataq.	» »	100 idem	100 idem	
—— idem . . . idem, noire	idem	60 à 65 idem	4 barriques	6 idem	10 idem	
—— idem . . . idem, jaune et verte	idem	70 » idem	5 idem	30 idem	35 idem	
—— idem, ½ H. blanche, rouge et bleue	idem	40 à 45 idem	» »	120 idem	120 idem	
—— idem, ¼ H. blanche et bleue	idem	45 à 50 idem	» »	50 idem	50 idem	
—— idem, à Rosetta.	le paquet	35 à 40 piastr.	200 paquets	800 paquets	1,000 paquets	
—— idem, grosse à cannelons blancs, rouges et bleus.	quint. 102 rotles	55 à 80 pataq.	» »	40 caisses	40 caisses	
—— idem, menue, mêmes couleurs.	idem	50 » idem	» »	30 idem	30 idem	
—— idem, idem, blanche	idem	55 » idem	» »	60 idem	60 idem	
—— idem, en grains, n° 3 à 4, mille.	le paquet	25 à 30 piastr.	1,000 paquets	3,000 paquets	4,000 paquets	
—— idem, olivette, n° 4, blanche et rouge.	idem	23 à 24 idem	600 idem	3,000 idem	3,600 idem	
—— idem, idem, noire.	idem	10 à 14 idem	» »	300 idem	300 idem	
—— idem, émail blanc	idem	8 à 8½ idem	1,000 idem	7,000 idem	8,000 idem	
—— idem, idem, blanc, noir, bleu, jaune, rouge, vert et eau-marine.	idem	8 à 9 idem	1,000 idem	5,000 idem	6,000 idem	
—— idem, rubis	idem	5 » idem	200 idem	400 idem	600 idem	
—— idem, cornaline ronde, nos 120, 140, 280	idem	25 » idem	500 idem	15,000 idem	15,500 idem	
—— idem, idem, cannettoni. 120, 140, 280.	idem	18 à 21 idem	» »	500 idem	500 idem	
—— idem, idem, verte ronde. 120, 140, 280.	idem	20 à 25 idem	» »	300 idem	300 idem	
—— idem, émail rayé	idem	12 » idem	1,000 idem	8,000 idem	9,000 idem	
Cloux canali en barils de 18 à 24 mille	l'okke 400 drah.	150 » paras	800 barils	» »	800 barils	
—— ½ canali idem . . de 40 mille.	idem	155 » idem	400 idem	» »	400 idem	
—— idem . . idem . . de 2, 3 et 4 mille	idem	150 » idem	400 idem	» »	400 idem	
—— broguettes à têtes jaunes, nos 150 à 300.	le paquet	6 » piastr.	3,000 paquets	» »	3,000 paquets	
—— idem, de 80 à 100 mille le baril	le millier	5 » idem	30 barils	» »	30 barils	
Colle forte.	l'okke 400 drah.	5 » idem	1,500 okkes	» »	1,500 okkes	
Colonnes de marbre, grandes et petites	l'une	» »	100	» »	100	
Cartes à jouer.	la douzaine	6 à 9 idem	4,000 douzaines	» »	4,000 douzaines	
Ciseaux, en barils de 200 grosses	la grosse 4 douz.	15 à 16 idem	2 barriques	5 barriques	7 barriques	
Draps mahouts d'Angleterre	le pic	24 à 26 idem	20 balles	» »	20 balles	
—— idem, d'Allemagne.	idem	18 à 20 idem	80 idem	» »	80 idem	
—— idem, de France	idem	18 à 24 idem	140 idem	» »	140 idem	
—— londrins de France.	idem	8 à 26 idem	400 idem	» »	400 idem	
—— idem, d'Allemagne	idem	8 à 15 idem	50 idem	» »	50 idem	
—— saya surfins écarlate de Venise.	idem	50 à 60 idem	100 pièces	» »	100 pièces	
—— idem . . . cramoisi idem	idem	45 à 50 idem	idem	» »	idem	
Étain d'Angleterre.	quint. 102 rotles	90 » pataq.	120 barils	40 barils	160 barrils	
Fer de Moscovie.	quint. 105 idem	30 » idem	4,000 quintaux	2,000 quint.	6,000 quintaux	
—— de Suède	idem	30 à 35 idem	2,000 idem	» »	2,000 idem	
—— d'Angleterre	idem	18 à 20 idem	» »	» »	» »	Il ne s'en veud que par le manque de celui de Suède et de Russie.
Fil de fer assorti en barils	quint. 102 rotles	136 à 140 piastr.	70 barils	» »	70 barils	

DÉNOMINATION.	POIDS ET MESURES, ou QUANTITÉS.	PRIX COURANS.	CONSOMMATION LOCALE.	ÉTRANGÈRE.	TOTAL.	OBSERVATIONS.
Cambrick brochés, de 12 yards	la pièce	40 à 50 piastr.	8,000 pièces	» »	8,000 pièces	
Idem, en croisé de 12 yards	*idem*	45 à 50 *idem*	3,000 *idem*	» »	3,000 *idem*	
Idem, coloriés	*idem*	40 à 45 *idem*	15,000 *idem*	» »	15,000 *idem*	
Mousselines fines, ordinaires, larges, étroites, unies, brochées et à jour	*idem*	15 à 50 *idem*	1,000,000 *idem*	» »	1,000,000 *idem*	
Vert-de-gris en pains	quint. 125 rotles	» »	5 barriques	» »	5 barriques	
Vitriol d'Allemagne en barriques	quint. 150 rotles	9 à 10 pataq.	200 *idem*	100 barriques	300 *idem*	
—— de Chypre	l'okke	4 à 5 piastr.	20 barils	40 barils	60 barils	
Verreries et cristaux de Bohême assortis	» »	» »	60 caisses	» »	60 caisses	C'est une partie très-étendue de laquelle on ne peut donner ici le détail. Suivant la qualité et quantité.
Vins rouges communs d'Espagne, de France et de Sicile	le baril	10 à 18 tallar.	» »	» »	» »	
Vins fins de France, Espagne, Sicile, Toscane, etc.	» »	» »	200 caisses	» »	200 caisses	
Vitres pour fenêtres, en caisses de 300 à 400	la caisse	80 à 100 piastr.	300 *idem*	» »	300 *idem*	

EXPORTATION.

DÉNOMINATION.	PROVENANT ou PRODUCTIONS de	POIDS ET MESURES, ou QUANTITÉS.	PRIX COURANS.	CONSOMMATION LOCALE et TURQUIE.	EUROPE.	TOTAL.	OBSERVATIONS.
Assa-fœtida	Indes	quint. 150 rotles	40 à 250 pat.	30 fards	50 fards	80 fards	
Aloès hépatique	Geddah	*idem*	35 à 40 fond.	120 *idem*	80 *idem*	40 *idem*	Il ne vient plus de sucotrin depuis plusieurs années.
Benjoin	Indes	quint. 112½ rotles	40 à 250 pat.	280 caisses	20 caisses	300 caisses	
Bois sandal rouge	*idem*	quint. 120 rotles	90 à 100 *idem*	100 fards	» »	100 fards	
—— d'aloès	*idem*	le même de 324 drahmes	8 à 16 tall.	50 caisses	» »	50 caisses	
Café de l'Iemen	Mokha	quint. 108 rotles	33 » *idem*	77,000 quint.	3,000 quint.	80,000 quint.	
Cardamome, majeur et mineur	Indes	quint. 139 *idem*	857 à 900 piast.	180 sacs	20 sacs	200 sacs	
Coques du Levant	*idem*	quint. 150 *idem*	24 à 26 fond.	» »	150 fards	150 fards	
Canéfiche, ou *cassia fistula*	Égypte	quint. 110 *idem*	80 à 100 pat.	» »	100 quintaux	100 quintaux	
Cannelle	Indes	quint. 150 *idem*	30 à 50 *idem*	150 fards	150 fards	300 fards	
Curcuma	*idem*	*idem*	25 » fond.	240 *idem*	60 *idem*	300 *idem*	
Cuirs de buffles	Égypte	l'un	6 à 90 piast.	100,000	» »	100,000	
—— vaches et bœufs	*idem*	*idem*	3 à 35 *idem*	150,000	» »	150,000	
—— chameaux	*idem*	*idem*	3 à 25 *idem*	6,000	» »	6,000	
Cotons en laine	*idem*	quint. 123 rotles	110 à 130 *idem*	35,000 quint.	25,000 quint.	60,000 quint.	
—— filés							
Cendres de soude							
Cire jaune							
Comestibles, savoir :							
Blé-froment	l'Ard.						
Fèves	*idem*						
Blé de Turquie	*idem*						
Orge	*idem*						
Pois chiches	*idem*						
Lentilles	*idem*						
Ris de Damiette et Rosette	*idem*						
Dattes de diverses qualités	*idem*	quint. 125 rotles	10 à 20 pat.	147,500 quint.	2,500 quint.	150,000 quint.	
Dents d'éléphant	Sennâar	quint. 110 *idem*	200 à 450 fond.	150 *idem*	150 *idem*	300 *idem*	
Étoffes de soie brochées or et soie	Indes	la pièce	10 à 180 tall.	6,000 pièces	» »	6,000 pièces	
—— idem, chahie, soie et cotou, unies et rayées	*idem*	la corrége de 20 pièces	120 à 240 *idem*	1,000 corréges	» »	1,000 corréges	
—— idem, de coton et soie *cotni*	*idem*	*idem*	150 à 350 *idem*	200 *idem*	» »	200 *idem*	
Étain en pains de 70 rotles	*idem*	quint. 102 rotles	90 » pat.	800 pains	» »	800 pains	
Écaille de tortue	Geddah	le même de 324 drahmes	8 à 11 tall.	1,200 menn	800 menn	2,000 menn	
Gomme copale	Indes	quint. 150 rotles	50 à 90 pat.	100 caisses	200 caisses	300 caisses	
—— Geddah	Geddah	*idem*	40 à 43 fond.	100 fards	300 fards	400 fards	
—— embaaoui	Iembo	*idem*	35 à 40 *idem*	» »	150 *idem*	150 *idem*	
—— arabique	Sennâar	*idem*	70 à 75 mah.	300 *idem*	1,700 *idem*	2,000 *idem*	
—— turique	Tor.	*idem*	35 à 40 pat.	» »	200 *idem*	200 *idem*	
—— encens en sorte	Indes	*idem*	55 à 80 pièc.	800 *idem*	2,000 *idem*	10,000 *idem*	
Graine de lin	Égypte	l'ardeb		85,000 ardeb	15,000 ardeb	100,000 ard.	
—— safranons	*idem*	*idem*		10,000 *idem*	» »	10,000 *idem*	Tout se consomme en Égypte.
Gingembre	Indes	quint. 150 rotles	28 à 30 pat.	600 fards	400 fards	1,000 fards	
Hennéh	Égypte	quint. 122½ *idem*	145 à 150 pièc.	15,000 quint.	» »	15,000 quint.	
Helbé	*idem*	l'ardeb	20 à 25 *idem*	60,000 ardeb	» »	60,000 ardeb	
Laines d'Alexandrie	*idem*	quint. 78 okkes	50 » pat.	250 quint.	250 quint.	500 quint.	
—— de l'intérieur	*idem*	quint. 44 *idem*		8,000 *idem*	» »	8,000 *idem*	
Lins	*idem*	*idem*	35 » *idem*	130,000 *idem*	20,000 *idem*	150,000 *idem*	
Mousselines unies, brochées, rayées, etc	Indes	la corrége de 20 pièces	40 à 120 tall.	10,000 pièces	» »	10,000 pièces	
Myrrhe en sorte	*idem*	quint. 150 rotles	50 à 120 pat.	200 fards	100 fards	300 fards	
Noix d'Inde, en fards de 600 noix	*idem*	le millier	100 » *idem*	280 *idem*	20 *idem*	300 *idem*	
—— muscade	*idem*	okke 400 drahm.	60 à 70 piast.	800 okkes	200 okkes	1,000 okkes	
—— vomique	*idem*	quint. 150 rotles	15 à 20 pat.	» »	60 quintaux	60 quintaux	
Nacre de perle	Mer-Rouge	okke 400 drahm.	30 à 60 paras	45,000 okkes	15,000 okkes	60,000 okkes	
Natron	Égypte	*idem*	9 » *idem*				
Plumes d'autruches blanches, *primo et secundo*	Geddah	rotle 155½ drahm.	7 à 800 piast.	» »	1,000 rotles	1,000 rotles	
—— idem, assorties, 1½ pour 10	Darfour	*idem*	70 » mah.	» »	3,000 *idem*	3,000 *idem*	L'on bonifie 5 pour 100 pour la ficelle.
—— idem, noires	Geddah	*idem*	3 à 4 tall.	» »	4,000 *idem*	4,000 *idem*	
—— idem, blanches, *primo et secundo*	Darfour	*idem*	8 à 900 piast.	» »	60 *idem*	60 *idem*	
—— idem, noires	*idem*	*idem*	4 à 4½ *idem*	» »	8,000 *idem*	8,000 *idem*	
Poivre des Indes	Indes	quint. 102 rotles	80 à 90 pat.	8,000 quint.	» »	8,000 quint.	
Sel ammoniac	Égypte	quint. 200 *idem*	300 à 340 *idem*	900 *idem*	100 quint.	1,000 *idem*	
Serpillières ou toiles d'emballage	*idem*	la paire	10½ » piast.	200,000 paires	» »	200,000 paires	
Salpêtre	» »	» »				On ne peut en vendre. Le gouvernement le fait faire pour son service.
Sucre brut, dit *mascavato*	Égypte	quint. 105 rotles	25 » pat.	10,000 quint.	20,000 *idem*	30,000 quint.	
—— bis, dit *khaouami*	*idem*	*idem*	28 à 45 *idem*	30,000 *idem*	» »	3,0000 *idem*	
—— blanc, dit *kasr saïdi*	*idem*	quint. 102 rotles	90 » *idem*	12,000 *idem*	» »	12,000 *idem*	
Safranons	*idem*	quint. 110 *idem*		1,000 *idem*	2,500 *idem*	3,500 *idem*	
Séné de la Ferme	Nubie	*idem*	100 » *idem*	» »	1,000 *idem*	1,000 *idem*	On en exporte plus ou moins, suivant la quantité qui en vient, tant de la Nubie que d'ailleurs.
—— follicule	*idem*	*idem*	150 » *idem*	» »	60 *idem*	67 *idem*	
—— grabau	*idem*	*idem*	40 » *idem*	» »	50 *idem*	50 *idem*	
Toiles de coton	Indes	la corrége de 20 pièces	50 à 110 *idem*	1,400 corréges	» »	14,00 corréges	
Tamarin en pain	Darfour et Sennâar	quint. 110 rotles	100 » *idem*	450 quintaux	350 quintaux	800 quint.	
Tabac de la Haute-Égypte	Égypte	quintal 44 okkes	15 à 27 *idem*	40,000 *idem*	» »	40,000 *idem*	
Zeduaria	Indes	quint. 150 rotles	20 à 25 *idem*	60 fards	40 fards	100 fards	

DÉNOMINATION.	POIDS ET MESURES, ou QUANTITÉS.	PRIX COURANS.	CONSOMMATION			OBSERVATIONS.
			LOCALE.	ÉTRANGÈRE.	TOTAL.	
Cambrick brochés, de 12 yards	la pièce	40 à 50 piastr.	8,000 pièces	» »	8,000 pièces	
Idem, en croisé de 12 yards	idem	45 à 50 idem	3,000 idem	» »	3,000 idem	
Idem, coloriés	idem	40 à 45 idem	15,000 idem	» »	15,000 idem	
Mousselines fines, ordinaires, larges, étroites, unies, brochées et à jour	idem	15 à 50 idem	1,000,000 idem	» »	1,000,000 idem	
Vert-de-gris en pains	quint. 125 rotles	» »	5 barriques	» »	5 barriques	
Vitriol d'Allemagne en barriques	quint. 150 rotles	9 à 10 pataq.	200 idem	100 barriques	300 idem	
—— de Chypre	l'okke	4 à 5 piastr.	20 barils	40 barils	60 barils	
Verreries et cristaux de Bohême assortis	» »	» »	60 caisses	» »	60 caisses	C'est une partie très-étendue de laquelle on ne peut donner ici le détail.
Vins rouges communs d'Espagne, de France et de Sicile	le baril	10 à 18 tallar.	» »	» »	» »	Suivant la qualité et quantité.
Vins fins de France, Espagne, Sicile, Toscane, etc.	» »	» »	200 caisses	» »	200 caisses	
Vitres pour fenêtres, en caisses de 300 à 400	la caisse	80 à 100 piastr.	300 idem	» »	300 idem	

EXPORTATION.

DÉNOMINATION.	PROVENANT ou PRODUCTIONS de	POIDS ET MESURES, ou QUANTITÉS.	PRIX COURANS.	CONSOMMATION			OBSERVATIONS.
				LOCALE et TURQUIE.	EUROPE.	TOTAL.	
Assa-fœtida	Indes	quint. 150 rotles	40 à 250 pat.	30 fards	50 fards	80 fards	
Aloès hépatique	Geddah	idem	35 à 40 fond.	120 idem	80 idem	40 idem	Il ne vient plus de sucotrin depuis plusieurs années.
Benjoin	Indes	quint. 112½ rotles	40 à 250 pat.	280 caisses	20 caisses	300 caisses	
Bois sandal rouge	idem	quint. 120 rotles	90 à 100 idem	100 fards	» »	100 fards	
—— d'aloès	idem	le même de 324 drahmes	8 à 16 tall.	50 caisses	» »	50 caisses	
Café de l'Iemen	Mokha	quint. 108 rotles	33 » idem	77,000 quint.	3,000 quint.	80,000 quint.	
Cardamome, majeur et mineur	Indes	quint. 139 idem	857 à 900 piast.	180 sacs	20 sacs	200 sacs	
Coques du Levant	idem	quint. 150 idem	24 à 26 fond.	» »	150 fards	150 fards	
Canéfiche, ou *cassia fistula*	Égypte	quint. 110 idem	80 à 100 pat.	» »	100 quintaux	100 quintaux	
Cannelle	Indes	quint. 150 idem	30 à 60 idem	150 fards	150 fards	300 fards	
Curcuma	idem	idem	25 » fond.	240 idem	60 idem	300 idem	
Cuirs de buffles	Égypte	l'un	6 à 90 piast.	100,000	» »	100,000	
—— vaches et bœufs	idem	idem	3 à 35 idem	150,000	» »	150,000	
—— chameaux	idem	idem	3 à 25 idem	6,000	» »	6,000	
Cotons en laine	idem	quint. 123 rotles	110 à 130 idem	35,000 quint.	25,000 quint.	60,000 quint.	
—— filés							
Cendres de soude							
Cire jaune							
Comestibles, savoir :							
Blé-froment	l'Ard.						
Fèves	idem						
Blé de Turquie	idem						
Orge	idem						
Pois chiches	idem						
Lentilles	idem						
Ris de Damiette et Rosette	idem						
Dattes de diverses qualités	idem	quint. 125 rotles	10 à 20 pat.	147,500 quint.	2,500 quint.	150,000 quint.	
Dents d'éléphant	Sennâar	quint. 110 idem	200 à 450 fond.	150 idem	150 idem	300 idem	
Étoffes de soie brochées or et soie	Indes	la pièce	10 à 180 tali.	6,000 pièces	» »	6,000 pièces	
—— idem, chahie, soie et cotou, unies et rayées	idem	la corrége de 20 pièces	120 à 240 idem	1,000 corréges	» »	1,000 corréges	
—— idem, de coton et soie *cotni*	idem	idem	150 à 350 idem	200 idem	» »	200 idem	
Étain en pains de 70 rotles	idem	quint. 102 rotles	90 » pat.	800 pains	» »	800 pains	
Écaille de tortue	Geddah	le même de 324 drahmes	8 à 11 tall.	1,200 menn	800 menn	2,000 menn	
Gomme copale	Indes	quint. 150 rotles	50 à 90 pat.	100 caisses	200 caisses	300 caisses	
—— Geddah	Geddah	idem	40 à 43 fond.	100 fards	300 fards	400 fards	
—— embaaoui	Iembo	idem	35 à 40 idem	» »	150 idem	150 idem	
—— arabique	Sennâar	idem	70 à 75 mah.	300 idem	1,700 idem	2,000 idem	
—— turique	Tor.	idem	35 à 40 pat.	» »	200 idem	200 idem	
—— encens en sorte	Indes	idem	55 à 80 pièc.	800 idem	2,000 idem	10,000 idem	
Graine de lin	Égypte	l'ardeb		85,000 ardeb	15,000 ardeb	100,000 ard.	
—— safranons	idem	idem		10,000 idem	» »	10,000 idem	Tout se consomme en Égypte.
Gingembre	Indes	quint. 150 rotles	28 à 30 pat.	600 fards	400 fards	1,000 fards	
Hennéh	Égypte	quint. 122½ idem	145 à 150 pièc.	15,000 quint.	» »	15,000 quint.	
Helbé	idem	l'ardeb	20 à 25 idem	60,000 ardeb	» »	60,000 ardeb	
Laines d'Alexandrie	idem	quint. 78 okkes	50 » pat.	250 quint.	250 quint.	500 quint.	
—— de l'intérieur	idem	quint. 44 idem		8,000 idem	» »	8,000 idem	
Lins	idem	idem	35 » idem	130,000 idem	20,000 idem	150,000 idem	
Mousselines unies, brochées, rayées, etc	Indes	la corrége de 20 pièces	40 à 120 tall.	10,000 pièces	» »	10,000 pièces	
Myrrhe en sorte	idem	quint. 150 rotles	50 à 120 pat.	200 fards	100 fards	300 fards	
Noix d'Inde, en fards de 600 noix	idem	le millier	100 » idem	280 idem	20 idem	300 idem	
—— muscade	idem	okke 400 drahm.	60 à 70 piast.	800 okkes	200 okkes	1,000 okkes	
—— vomique	idem	quint. 150 rotles	15 à 20 pat.	» »	60 quintaux	60 quintaux	
Nacre de perle	Mer-Rouge	okke 400 drahm.	30 à 60 paras	45,000 okkes	15,000 okkes	60,000 okkes	
Natron	Égypte	idem	9 » idem				
Plumes d'autruches blanches, *primo et secundo*	Geddah	rotle 155½ drahm.	7 à 800 piast.	» »	1,000 rotles	1,000 rotles	
—— idem, assorties, 1½ pour 10	Darfour	idem	70 » mah.	» »	3,000 idem	3,000 idem	L'on bonifie 5 pour 100 pour la ficelle.
—— idem, noires	Geddah	idem	3 à 4 tall.	» »	4,000 idem	4,000 idem	
—— idem, blanches, *primo et secundo*	Darfour	idem	8 à 900 piast.	» »	60 idem	60 idem	
—— idem, noires	idem	idem	4 à 4½ idem	» »	8,000 idem	8,000 idem	
Poivre des Indes	Indes	quint. 102 rotles	80 à 90 pat.	8,000 quint.	» »	8,000 quint.	
Sel ammoniac	Égypte	quint. 200 idem	300 à 340 idem	900 idem	100 quint.	1,000 idem	
Serpillières ou toiles d'emballage	idem	la paire	10½ » piast.	200,000 paires	» »	200,000 paires	
Salpêtre	» »	» »	» »	» »	» »	» »	On ne peut en vendre. Le gouvernement le fait faire pour son service.
Sucre brut, dit *mascavato*	Égypte	quint. 105 rotles	25 » pat.	10,000 quint.	20,000 idem	30,000 quint.	
—— bis, dit *khuouami*	idem	idem	28 à 45 idem	30,000 idem	» »	30,000 idem	
—— blanc, dit *kasr saidi*	idem	quint. 102 rotles	90 » idem	12,000 idem	» »	12,000 idem	
Safranons	idem	quint. 110 idem		1,000 idem	2,500 idem	3,500 idem	
Séné de la Ferme	Nubie	idem	100 » idem	» »	1,000 idem	1,000 idem	On en exporte plus ou moins, suivant la quantité qui en vient, tant de la Nubie que d'ailleurs.
—— follicule	idem	idem	150 » idem	» »	60 idem	67 idem	
—— grabau	idem	idem	40 » idem	» »	50 idem	50 idem	
Toiles de coton	Indes	la corrége de 20 pièces	50 à 110 idem	1,400 corréges	» »	14,00 corréges	
Tamarin en pain	Darfour et Sennâar	quint. 110 rotles	100 » idem	450 quintaux	350 quintaux	800 quint.	
Tabac de la Haute-Égypte	Égypte	quintal 44 okkes	15 à 27 idem	40,000 idem	» »	40,000 idem	
Zeduaria	Indes	quint. 150 rotles	20 à 25 idem	60 fards	40 fards	100 fards	

COURS DES MONNAIES.

Doublon d'Espagne	210	piastres.
Mahmoudieh de Constantinople	45	*idem.*
Sequin de Venise	30	*idem.*
Sequin de Hollande	$29\frac{1}{2}$	*idem.*
Fonducli de Constantinople	19	*idem.*
Mahboub, *idem*	14	*idem.*
Mahboub du Kaire	13	*idem.*
Talari, ou piastre d'Espagne	23	*idem.*
Juzluk de Constantinople	7	*idem.*
Bechlik, *idem*	$8\frac{1}{2}$	*idem.*
Ekilik, *idem*	6	*idem.*

MONNAIES DE VENTE.

Fondouchi	146	medins.
Mahboub	120	*idem.*
Pataque	90	*idem.*
Pièce	60	*idem.*
Piastre	40	*idem.*

Un okke est de 400 drahmes.
Un rotle est de 144 drahmes.